童眼识天下 百问百答

虫虫家族

CHONGCHONG JIAZU

央美阳光/绘编

化学工业出版社

·北京·

图书在版编目（CIP）数据

童眼识天下百问百答.虫虫家族/央美阳光绘编. —北京：
化学工业出版社，2019.10
ISBN 978-7-122-35076-3

Ⅰ.①童…　Ⅱ.①央…　Ⅲ.①科学知识-儿童读物②昆
虫-儿童读物　Ⅳ.①Z228.1②Q96-49

中国版本图书馆CIP数据核字（2019）第182693号

CHONGCHONG JIAZU

责任编辑：谢　娣　　　　　　　封面设计：史利平
责任校对：宋　玮

出版发行：化学工业出版社（北京市东城区青年湖南街 13 号　邮政编码 100011）
印　　装：北京东方宝隆印刷有限公司
889mm×1194mm 1/20　印张 4　　2020 年 1 月北京第 1 版第 1 次印刷

购书咨询：010-64518888　　　售后服务：010-64518899
网　　址：http：//www.cip.com.cn
凡购买本书，如有缺损质量问题，本书销售中心负责调换。

定　价：22.80 元

大眼睛，转啊转，我们身边的世界真奇妙！不仅多姿多彩的大自然有秘密，神秘莫测的宇宙有故事，就连生活中的衣食住行也蕴含着很多大道理呢。亲爱的小朋友，面对一个又一个有趣的现象，你的脑海里是不是会不由自主地冒出很多问号："它们究竟有什么奥秘？我怎样才能找到答案呢？"别着急，《童眼识天下百问百答》来帮你啦！有了这把神奇的钥匙，很多问题会迎刃而解。

《童眼识天下百问百答》里有许多个有趣的"为什么"，还有上千幅生动形象的精美手绘彩图。它们带你畅游知识的海洋，让你足不出户就能拥抱星球，亲近自然，了解鸟兽鱼虫、花草树木以及衣食住行的神奇奥秘。还等什么？快跟着《童眼识天下百问百答》去科学世界走一走、看一看吧！相信在这次旅程过后，你就能成为科学"小百事通"啦！

小朋友，奥妙无穷的自然界中有一个庞大的动物群体——虫虫家族。家族中的成员个个都是生存高手，拥有令人惊叹的智慧。虫虫们看似平常的一些行为中，其实隐藏着许多奥秘：为什么大多数昆虫不会直线行走？苍蝇为什么喜欢"洗手"？蚂蚁可以搬动多重的东西？……怎么样？这些问题是不是让你好奇很久了呢？那么，就跟着《虫虫家族》一起去虫虫的世界走一走，寻找你想要的答案，了解你超感兴趣的虫虫故事吧！

目录 mu lu

虫虫的世界

飞来飞去的虫虫

钻来钻去的小爬虫

虫虫的世界

　　什么是昆虫？为什么大多数昆虫不会直线行走？为什么昆虫都是小不点？……小朋友，虫虫的世界里有很多奥秘。了解了这些奥秘，你也可以变成昆虫知识小专家哟！还在等什么？赶快跟着我们一起出发吧！

什么是昆虫？

　　昆虫种类繁多、形态各异，是地球上数量最多的动物群体，但并不是每一只小虫虫都能进入昆虫家族。那什么样的虫虫才是昆虫家族的一员呢？首先，昆虫的身体由头部、胸部和腹部三部分组成，而且头部不能分节；其次，昆虫在长大的过程中，常常会在生理结构和行为习性上发生改变，有的长出新皮，有的发育出新的器官，那些不会发生变化的家伙可没有资格成为昆虫；最后，昆虫通常长着三对足。另外，昆虫的头上还长有一对触角。小朋友，现在你知道什么是昆虫了吧？

地球上有多少种昆虫？

世界这么大，到底有多少种昆虫呢？这可累坏了昆虫学家们。他们有的来到寒冷的北极，有的来到炎热的沙漠，有的爬上陡峭的高山，还有的穿过一望无际的草原……通过许许多多昆虫学家的辛勤努力，人类已经发现并命名了100多万种昆虫。不过，自然界那么大，说不定在哪个角落还生存着人类尚未发现的昆虫呢！

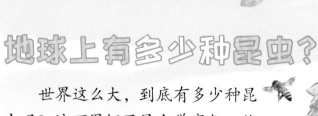

昆虫为什么能遍布世界不同地区？

昆虫并没有什么强大的本领，但它们的身影却遍布世界不同地区。昆虫有非常强的适应能力，可以在恶劣的环境下生活。昆虫的身体比较小，对食物的需求也就比较少。更重要的是，与其他动物相比，昆虫的繁殖能力非常强。因此，世界不同地区几乎都可以成为它们的家。

什么昆虫分布最广泛?

虽然昆虫的适应能力很强,但大部分昆虫对环境还是有选择的。不过,有一种昆虫却例外,它就是弹尾虫。弹尾虫广泛分布于不同的土壤和落叶层中,甚至能在雪中生存。有关统计表明:每1平方米阔叶林里大约有10万只弹尾虫。数量如此之多,是不是很惊人呀?

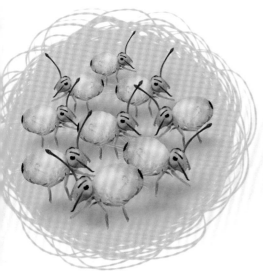

昆虫喜欢群居吗?

小朋友,你有没有想过这样一个问题:昆虫喜欢群居吗?告诉你吧,大部分昆虫喜欢在一起生活。它们一起睡觉、一起吃饭,相处得可融洽了。蜜蜂、蚂蚁和蝗虫等,都喜欢群居。有的小昆虫却有些孤僻,更喜欢独来独往的生活,蜻蜓就是有名的"独行侠"哟!

昆虫之间是怎样交流的?

　　昆虫不会说话也不会写字，那它们是怎样交流的呢？其实，昆虫交流的方式非常多。它们可以通过"唱歌""跳舞"、散发气味以及发光等方式来传递信息、交流感情。例如：蟋蟀、蝉、蝈蝈等昆虫通过"歌声"来沟通；蛾子、蚂蚁等昆虫会用身体释放的气味与同伴联系；蜜蜂则会用独特的舞姿告诉伙伴们蜜源的方位信息……

昆虫有耳朵吗？

　　昆虫的身体非常小，通常我们很难看清它们的五官。仔细看，很多昆虫的脑袋光秃秃的，它们没有耳朵吗？不是的，只不过昆虫的耳朵生长的位置和人类不一样，而且不同昆虫的耳朵生长的位置也不同。比如：蟋蟀的耳朵长在前脚的小腿上；蝗虫的耳朵长在腹部；蚊子的耳朵则长在触角上……总之，对于昆虫家族来说，还真没办法概括它们的耳朵到底长在哪里呢！

为什么昆虫的脑袋上长着触角？

所有昆虫的头上都长着1对触角，只不过有的长、有的短，有的粗、有的细。这些触角虽然看起来不起眼，作用却非常大。触角是昆虫重要的感觉器官，不同种类的昆虫，触角的作用也不同：蝴蝶用触角感觉味道；蚂蚁用触角进行交流；蟑螂则靠着触角避开障碍，寻找食物。因此，触角对昆虫来说至关重要。

昆虫会辨别颜色吗？

我们通过眼睛可以看到一个五彩缤纷的世界。可是在昆虫看来，这个世界不仅模糊，还很单调。因为眼部结构特殊，大多数昆虫只能看到近距离的物体，能分辨的颜色也有限。比如：蚊子只能够辨认黄色、蓝色和黑色，而且它们非常喜欢黑色，因此穿黑色衣服的小朋友容易被蚊子叮咬；勤劳的小蜜蜂是红色盲，它们能分辨黄色、蓝色和青色；家蝇可以辨别蓝色，因此它们很少接近蓝色的门窗、帐幔。

虽然昆虫能辨别的颜色较少，但这些小家伙有的却能看见人类看不见的光，如蜜蜂就能看见太阳光中的紫外线。

昆虫没有鼻子，它们怎样呼吸呢？

　　常常有小朋友好奇地问："昆虫会呼吸吗？"这是当然的啦！植物都需要呼吸呢，更何况动物。昆虫的呼吸器官叫"气门"。昆虫吸气时，空气从气门进入昆虫的身体，然后通过遍布身体的气管传到身体的各个部位。每当昆虫的肚子鼓起来又扁下去的时候，它们就完成了一次呼吸。这听上去很有趣吧！

昆虫会睡觉吗？

小昆虫也有累的时候，也需要睡觉。只是，它们的睡眠习惯各不相同。那些在白天活动的昆虫，和人类一样在晚上睡觉；而那些喜欢在夜晚活动的昆虫呢，就会在白天睡觉。等到了寒冷的冬天，大部分昆虫会钻入地下、树洞或草堆中，睡一个长长的觉，进行冬眠。等到第二年春天，天气渐渐暖和了，它们才会醒过来，继续开心地生活！

昆虫的食物有哪些？

昆虫的食物可丰富啦！有的昆虫喜欢吃肉，靠捕食其他小动物为生，比如螳螂；有的昆虫是"素食主义者"，爱吃植物，比如天牛；也有一些昆虫比较"重口味"，喜欢吃腐烂的东西，比如我们不太喜欢的苍蝇。

昆虫是怎样喝水的？

　　口渴时，大部分昆虫会喝植物叶子上的露水，比如蹦蹦跳跳的蚂蚱；美丽的蝴蝶和大眼睛的蜻蜓则喜欢飞到小河边去喝水；会唱歌的蝉呢，会辛苦地在树上打洞，享受树干里的新鲜汁液。小昆虫也都有自己的饮水习惯呢！

什么是复眼？

和人类的眼睛不同，昆虫的眼睛是由很多六角形的小眼睛组成的，叫"复眼"。不同的昆虫，小眼的数量也不同哟！一般情况下，昆虫的小眼越多，视力就越好。例如：苍蝇有 4000 多个小眼，蝴蝶有 15000 多个小眼，蝴蝶的视力就比苍蝇好很多。

不过，这些小眼都是按规律排列的，不会乱哟！

什么昆虫的眼睛最多？

　　小朋友，你知道吗？蜻蜓是眼睛最多的昆虫。蜻蜓的复眼非常发达，几乎占了其整个头部的一半。当然，这双大眼睛也是由很多小眼睛组成的。你一定猜不到每只蜻蜓小眼的数量吧？告诉你吧，每只蜻蜓有10000～30000只小眼，难怪它们的视力那么出众！

13

昆虫体液的颜色相同吗?

昆虫体液的颜色与其体液的组成成分有关。体液中含有红色素的昆虫,其体液就是红色的。蜘蛛的体液含有绿色素,所以体液就是绿色的。也就是说,昆虫体液的颜色取决于它们体液里含有哪种色素。这些色素通常是昆虫从食物中获取的。另外,有些昆虫的体液颜色还与性别有关呢。

什么昆虫的翅膀扇动得最快？

昆虫虽小，但它们翅膀扇动的速度却非常快。世界上翅膀扇动速度最快的昆虫是摇蚊。摇蚊翅膀扇动的速度究竟有多快呢？据统计，它们的翅膀每秒钟可以扇动1000多次，听上去很惊人吧！这么快的速度，我们用肉眼是很难分辨的！

昆虫是怎样"唱歌"的？

夏天来了，树上的蝉唱起了歌；草丛中、墙根下的蟋蟀也唱起了歌。这些小昆虫是怎样"唱歌"的呢？告诉你吧，昆虫可不像我们人类一样用喉咙发声，它们是靠身体某一器官的摩擦或振动来"发声"的。蟋蟀和蝈蝈就是通过翅膀的摩擦来"歌唱"的；树上的雄蝉则是利用腹部的膜发出"鸣叫"的。仔细想想：你听过哪几种昆虫的"歌声"呢？

15

昆虫死后为什么"四脚"朝天？

　　小朋友们有没有发现这样一个奇怪的现象：昆虫死了以后，总是"四脚"朝天。这究竟是怎么回事呢？原来，昆虫一般腿较长，身体重心较高，以致非常容易翻转身体。昆虫死后失去了重心，只要风一吹，身体就会翻过去。不过，即使活着的时候，有些昆虫也会因为翻转身体而失去生命。

怎样分辨昆虫是不是**真的死了**？

有时候，小昆虫非常狡猾，会装死来骗大家。那么，小朋友有没有办法分辨出昆虫是装死还是真死呢？其实很简单，你只要用一根小木棒轻轻地碰一碰小昆虫的肌肉就知道了。如果昆虫像块小石头一样团在一起，肌肉紧绷着，那就说明它在装死。如果你碰到的小昆虫一动不动，身体舒展开来，软软的、松松的，这就说明它真的死了。

小昆虫用什么办法**保护自己**？

自然界总是危机四伏，昆虫同样有自己的天敌。为了保护自己，这些小家伙真是想尽了办法。除了装死，有的昆虫还学会了伪装，比如兰花螳螂能随着花色的深浅调整自己身体的颜色，趴在兰花上很难被发现；有的昆虫会用跳跃的方式躲避危险，比如跳蚤；还有的昆虫非常厉害，可以从体内释放出一些物质来阻止敌人的袭击，比如蚂蚁在遇到敌人时就会发射蚁酸；还有的昆虫更聪明，会和其他种类的昆虫共栖在一起，互利互惠，共同御敌。

总之，昆虫自保的方法真是五花八门！

昆虫冬天为什么要休眠？

冬天到了，天气越来越冷，小朋友们穿上了厚衣服。这时，昔日活跃的昆虫不见了，难道它们被冻死了？其实，昆虫是一种变温动物，它们的体温会随环境温度的变化而变化。当环境条件对它们不利时，它们就会进入生长发育停滞期。在这段时期内，昆虫的呼吸代谢、运动能力以及取食能力都会下降。为了生命的延续，它们必须休眠。因此，昆虫并不是被冻死了，而是跑去休眠了。

天气会热会冷，小昆虫要怎么办？

天气热了，我们会待在空调房内；天气冷了，我们就会穿上厚厚的衣服保暖。可是，昆虫就没有这么幸福了。它们没有空调房来避暑，也没有暖和的衣服用来御寒。为了适应气温变化，它们只得另想办法。美丽的蝴蝶身上有一层鳞片，当天气热时，蝴蝶就会打开这些鳞片散热；当天气冷时，蝴蝶就会将鳞片关闭来抵御严寒。聪明的蚂蚁也有防暑妙招：它们会在洞口堆满沙粒和小土块，阻挡热气进洞。昆虫为了生活，也得各想奇招呢！

昆虫是如何越冬的呢？

昆虫越冬大有奥秘。它们有的以卵越冬，有的以幼虫越冬，也有的昆虫以成虫的形式越冬。蝗虫会在冬天来临之前在地上打一个小洞，产下越冬卵；天牛的幼虫会钻到树干里躲避严寒；天气变冷，蚜虫就会爬到生长在向阳背风坡的刺儿菜、蒲公英等植物的幼芽上越冬；有的蚊子会在冬天之前大吃特吃，贮存脂肪，然后趴在草堆、树洞等温暖的地方过冬。

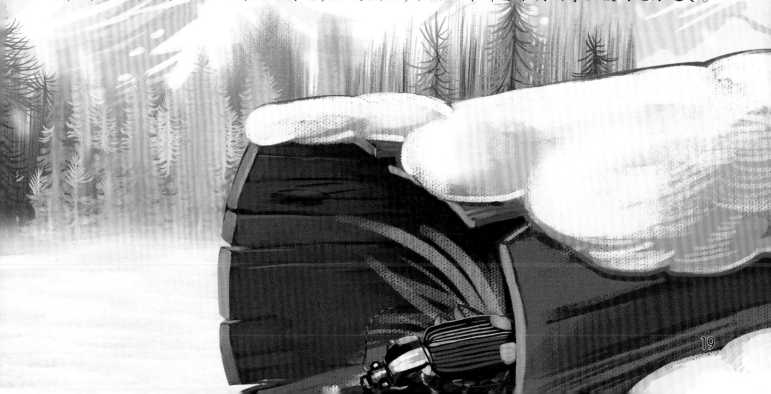

昆虫可以吃吗？

别看昆虫长得怪怪的、小小的，有些昆虫还是非常不错的美食哟！昆虫体内含有非常丰富的蛋白质和其他营养物质，这些营养物质对我们的身体大有好处呢！新西兰有一种生活在干枯树木中的"呼呼虫"，这些小家伙吃起来有香香的花生酱的味道。在泰国，油炸蟋蟀、蚂蚱、蚕蛹等是十分受欢迎的小吃。当然啦，吃昆虫也是需要几分勇气的！

为什么昆虫从高高的地方摔下来不会受伤？

我们人类如果从很高的地方掉下来，很可能会被摔伤，甚至丧命。可是，同样的情况，弱小的昆虫却能安然无恙，这是为什么呢？原来，昆虫没有骨骼，它们的身体重量太小了，即使它们从高处掉下来，也会像羽毛那样飘飘荡荡地落下，空气中的浮力和风力，可以减轻它们撞击地面的冲击力。所以，即使是从高空摔下来，昆虫也不会有什么危险和伤害。

为什么说昆虫也是药材？

你知道吗，很多昆虫能做成药材用来治病呢。我国古代医药学家李时珍所著的医学著作《本草纲目》里面就记载了 106 种可以治病的昆虫，如蚕、蝼蛄、土蜂等。直到现在，医学上仍用昆虫来治疗一些疾病。我们所熟悉的蚂蚱就是一味常用的药材哦！中医认为蚂蚱具有暖胃助阳、健脾运食的功效，搭配其他药材可以治疗小儿惊风、百日咳、冻疮、痧胀以及疟疾等疾病。

为什么有的昆虫长大后会变样？

　　我们只要仔细观察就会发现，有的昆虫"幼年"与"成年"的样子差别很大。这是为什么呢？其实，很多昆虫在成长的过程中需要"变态"。比如：蜻蜓一生要经过卵、幼虫、成虫 3 个时期。这期间，它们不仅会逐渐改变体形，还会蜕皮，直到长成成虫以新样子出现。对于很多昆虫来说，"变态"就意味着重生。

飞来飞去的虫虫

自然界中，不但鸟儿会飞，一些虫虫也会飞呢！这些小小的"飞行家"经常飞来飞去，非常忙碌呢！小朋友，你想不想知道这些"飞行家"背后的秘密？带着你的小疑问去这一章节里寻找答案吧！

为什么蜜蜂喜欢在花丛中飞舞？

　　我们时常会在花丛中看到一只只蜜蜂飞来飞去，它们是在玩耍吗？其实，蜜蜂是在忙碌地寻找和采集花粉，然后把花粉带回蜂巢酿制花蜜。我们吃的蜂蜜就是这些小家伙辛勤工作酿造的。

蜜蜂飞行时为什么会发出嗡嗡声？

蜜蜂飞行的时候总会发出嗡嗡的声音，这是为什么呢？其实，这种声音并不是从蜜蜂的嘴巴里发出来的，而是它们飞行时扇动翅膀发出的。蜜蜂飞行的时候，翅膀扇动的频率非常快，与周围的空气形成了共振，进而发出了声音。因此，我们会听到飞行的蜜蜂发出嗡嗡的响声。

蜜蜂喜欢什么花？

并不是所有的花都能吸引蜜蜂的注意，花香、花形、花色都是蜜蜂选择花的标准。花香很重要，蜜蜂喜欢气味香香的花。在花形上，蜜蜂更喜欢左右对称的大花。另外，蜜蜂更加青睐蓝色和黄色的花，其次是紫色和白色的花。因为蜜蜂是"红色盲"，所以它们对红花不敏感。

蜂巢为什么是六角形的？

有人说蜜蜂是大自然中的"高级建筑师"，它们建造的蜂巢非常棒。蜂巢是六角形的，这种形状有什么好处呢？六角形结构能使蜂巢更坚固，不易破裂。最重要的是，六角形的结构能够节省非常多的原材料，还可以使蜂巢的面积最大化。这样看来，蜜蜂不仅是出色的建筑家，还是了不起的数学家呢！

蜜蜂为什么要蜇人？

小朋友总觉得蜜蜂很可怕，因为它们会蜇人。其实，蜜蜂并不是你想的那样坏哟！一般情况下，蜜蜂只有感觉受到威胁或有危险时才会蜇人。只要你不激怒它们，它们是不会伤害你的。蜜蜂蜇人的毒针长在腹部的最末端，毒针的尖端就像小钩子，尾端则与毒腺和内脏器官相连。蜜蜂蜇人时，毒针的小钩子会钩住人的皮肤，无法脱离，拉扯之下蜜蜂的内脏就会被拽出来，这样蜜蜂也就没命了！因此，大家要善待蜜蜂。

26

花粉被蜜蜂采走了，那花儿会不会死呢？

蜜蜂把花粉采走了，花儿会不会死呢？当然不会啦。其实，蜜蜂采花粉对花不仅没有害处，还有很大的好处呢！蜜蜂采花粉的过程也是在给花授粉。花朵里分别长有雌蕊和雄蕊，要想结出果实，雌蕊就要接受其他雄蕊的花粉才行，但雄蕊的花粉不能自己移动到雌蕊那里，只有靠小蜜蜂帮忙啦！蜜蜂在花丛中飞来飞去，身上沾满了花粉，也把花粉带到了雌蕊上。

蜻蜓为什么被称为"飞行家"？

蜻蜓不仅是捕虫高手，还是非常厉害的"飞行家"。蜻蜓的身体非常轻盈，翅膀又长又轻，可以很轻松地飞起来。在飞行的过程中，蜻蜓还可以做很多动作，翻转、垂直升降、倒飞、悬停……样样出色。不仅如此，蜻蜓飞行的速度也很快，每秒可达 10 米。怎么样？蜻蜓的飞行能力是不是很令人佩服啊？

为什么蜻蜓喜欢点水呢?

蜻蜓在水面上飞行时,喜欢边飞边点水。它们可不是在喝水哟!其实,蜻蜓是在产卵呢。因为蜻蜓的幼虫是在水中发育和成长的,所以蜻蜓会飞到有水的地方去产卵。当蜻蜓一下一下地点水时,它们的卵就排到水中去了。

蜻蜓会走路吗?

蜻蜓是飞行高手,那么它们会不会走路呢?事实上,蜻蜓是不会走路的。这是因为蜻蜓长时间在空中飞行,6只脚已经逐渐退化,变得又细又小,根本无法支撑起身体的重量来行走。

29

为什么早晨的蝴蝶看上去笨笨的？

小朋友，你有没有发现，总是爱扇动着大翅膀飞来飞去的蝴蝶在早晨却飞得特别笨拙？这是为什么呢？原来，早晨空气湿度大，水汽比较多，蝴蝶的翅膀会沾上很多水分，变得沉重。蝴蝶拖动着沉重的翅膀飞行，自然显得吃力，看上去也就笨笨的。

蝴蝶飞行时为什么静悄悄的？

很多昆虫飞行时会发出声音，为什么蝴蝶飞行时我们却听不到声音呢？这是因为人耳所能感知的声音频率范围是 20 ~ 20000 赫兹，而蝴蝶飞行时，翅膀振动发出的声音频率非常小，连 10 赫兹都不到。因此，并不是蝴蝶飞行时没有声音，而是我们的耳朵根本听不到这种声音。

蝴蝶身上为什么有滑滑的"粉"？

你用手触摸蝴蝶就会发现手上沾上一层"粉"。为什么蝴蝶身上会有"粉"呢？它们也化妆吗？其实，蝴蝶身上的这种东西并不是"粉"，而是"鳞粉"。蝴蝶的"鳞粉"像鱼鳞似的一个挨一个地排列，组合在一起就形成了美丽的"花衣服"。只不过这些"鳞粉"非常非常小，看上去像"粉"似的！

飞蛾为什么要飞向火光？

　　飞蛾有个奇怪的习惯，一看到火光就会不顾危险地冲过去。这是怎么回事呢？原来，飞蛾喜欢在夜间行动，靠观察月亮的位置来判定方向。飞蛾看到火光，就误以为是月光，便会一路冲过去。但是，由于难以控制好力度，很多飞蛾会直接触到火焰，就会被烧死。

萤火虫为什么会发光？

　　小朋友，你见过萤火虫吗？它们发光的样子是不是很漂亮啊？萤火虫的身体上长有发光器，里面含有荧光素，荧光素和氧气发生反应就会发出光亮。这是一种能量的释放哟！

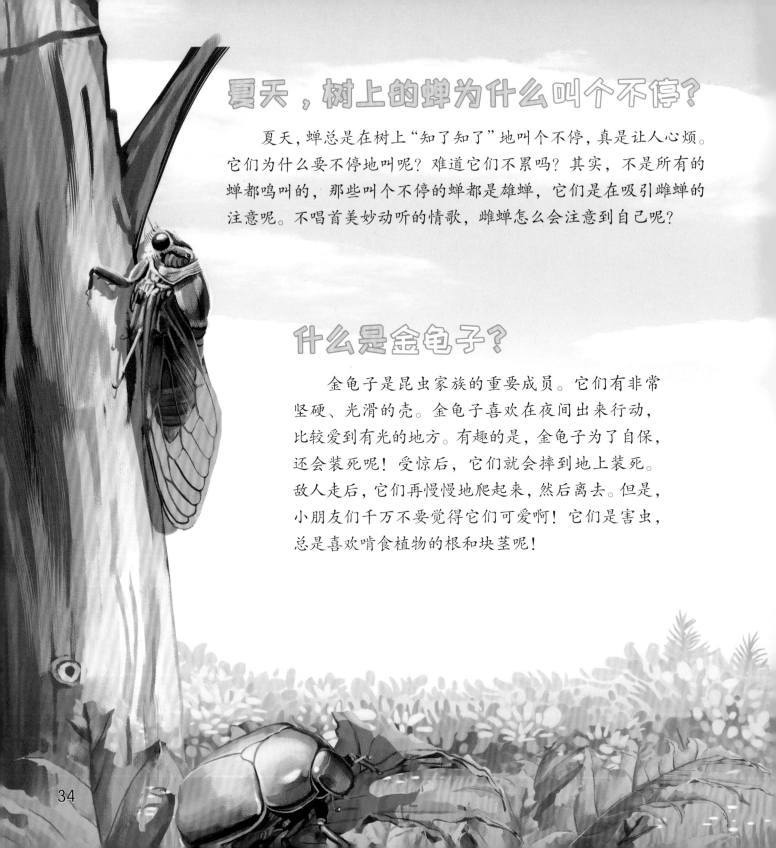

夏天，树上的蝉为什么叫个不停？

夏天，蝉总是在树上"知了知了"地叫个不停，真是让人心烦。它们为什么要不停地叫呢？难道它们不累吗？其实，不是所有的蝉都鸣叫的，那些叫个不停的蝉都是雄蝉，它们是在吸引雌蝉的注意呢。不唱首美妙动听的情歌，雌蝉怎么会注意到自己呢？

什么是金龟子？

金龟子是昆虫家族的重要成员。它们有非常坚硬、光滑的壳。金龟子喜欢在夜间出来行动，比较爱到有光的地方。有趣的是，金龟子为了自保，还会装死呢！受惊后，它们就会摔到地上装死。敌人走后，它们再慢慢地爬起来，然后离去。但是，小朋友们千万不要觉得它们可爱啊！它们是害虫，总是喜欢啃食植物的根和块茎呢！

蝉是不是害虫呢？

蝉无疑是害虫，这是为什么呢？因为它们的幼虫钻在地下，以吸食树根的汁液为生。夏天一到，蝉的幼虫就会钻出地面爬到树上，羽化为成虫，它们将自己的嘴巴刺进树的枝干中吸食树的汁液。可怜的大树被蝉吸食汁液后，有的甚至会干枯死去。

人类为什么要保护七星瓢虫？

　　小朋友们一定听说过蚜虫吧？蚜虫可是十足的"大坏蛋"，专门破坏田里的庄稼，糟蹋农民伯伯的劳动成果。不过，蚜虫也有天敌，那就是七星瓢虫。一只七星瓢虫成虫一天就能吃掉100多只蚜虫，非常了不起！因此，我们一定要保护七星瓢虫。

哪些瓢虫是害虫？

瓢虫家族非常庞大，除了我们熟悉的七星瓢虫，还有很多其他瓢虫。这些瓢虫有的是益虫，有的是害虫。十一星瓢虫和二十八星瓢虫就是害虫，它们喜欢吃植物，会毁坏庄稼。我们只要数一数瓢虫背上的点点，就能区分出它们是益虫还是害虫。

"臭大姐"的名字是怎么来的？

夏天的时候，空中经常飞着一种身体扁扁的小昆虫——蝽象，人们称它们为"臭大姐"。这么难听的名字是怎么来的呢？是因为它们很臭吗？事实确实如此。"臭大姐"会从身体里释放出一种非常难闻的气体，让人难以忍受，于是便有了这个不雅的名字。不过，这种臭气有时能让它们顺利躲过敌人的追捕。

为什么说蚜虫是害虫？

小朋友，你知道吗？蚜虫是繁殖最快的昆虫。这些家伙体形微小，却能对庄稼造成很大的危害。它们不仅吸食植物的汁液，还能让植物长出一种小突起，使富有生命力的植物变得畸形。蚜虫既吃野生的植物，也吃栽培的植物，是自然界中比较常见的一种害虫。

蚜虫也有伙伴吗？

蚜虫是很多昆虫的捕食目标。瓢虫、食蚜蝇、草蜻蛉以及一些毛虫都喜欢以蚜虫为食。但是，令人惊讶的是，蚂蚁会在蚜虫受困的时候向其伸出援手。这是为什么呢？原来，蚜虫会排出一种带有糖分的蜜露，这种蜜露是蚂蚁的最爱。它们之间似乎建立了某种默契的关系：蚂蚁帮蚜虫抵御外敌，蚜虫为蚂蚁提供蜜露。

"锯树郎"是什么昆虫？

昆虫家族中有一种被称为"锯树郎"的昆虫——天牛。"锯树郎"这个称呼可不是为了夸赞天牛能干哟！天牛的幼虫喜欢居住在树干中，这些大树表面上看还是好好的，可其实里面已经被小天牛掏空了，时间一久，大树就会折断。因此，人们便称天牛为"锯树郎"。

为什么叶子虫被称为"伪装高手"？

很多动物为了生存练就了一身伪装的本领，其中叶子虫的伪装技巧便令人叫绝。叶子虫也叫叶蟾（xiū），它身体扁平，其前翅形状很像树叶的叶片，翅脉还有和树叶叶脉一样的纹理。叶子虫会用前翅将透明的后翅覆盖起来，看上去简直和树叶一模一样，难怪敌人找不到它。

为什么蝗虫喜欢成群结队？

　　蝗虫对环境的适应能力很强，但对产卵的环境却非常挑剔，既要土质坚硬，又要有一定的温度，还要阳光能够直射。因为要找到一个理想的产卵环境并不容易，所以一有好地方，大批大批的蝗虫就会闻讯而至。这样一来，很多蝗虫选择在同一地区产卵，就会有非常多的小蝗虫一起出生。于是，蝗虫就聚集成一个又一个群体。成群结队地去危害农作物。

蝗虫为什么要在干旱的时候出来乱窜?

　　天气非常热,好久没下雨了。这时候小朋友们肯定更想待在有空调的屋里。可是,蝗虫却不这样。天气越是干旱,就越适宜它们大量繁殖。天气干旱时,蝗虫会纷纷出来产卵,如果环境、温度合适的话,小蝗虫就会顺利孵化,群居生活,集体迁飞,形成可怕的蝗灾。

43

苍蝇为什么只有一对翅膀？

大部分昆虫有两对翅膀，苍蝇也是昆虫家族中的一员，可是为什么却只有一对翅膀呢？原来，苍蝇的后翅经过退化逐渐变成了棒状的平衡器。苍蝇在飞行过程中有了平衡器的帮助，可以更好地保持身体平衡，飞行自如。至于翅膀，对苍蝇来说一对就足够啦！

苍蝇为什么能在光溜溜的玻璃上爬行？

玻璃上光光的、滑滑的，可是苍蝇却可以牢牢地站在上面，甚至还能够自由地爬来爬去。答案就在苍蝇的脚上。苍蝇的脚部的茸毛尖端可以分泌出一些液体，这些液体是由中性脂质物构成的，有一定的黏性。也就是说，它们是被这种液体粘在玻璃上的。

为什么不能吃苍蝇爬过的食物？

"宝贝儿，千万不能吃苍蝇爬过的东西哟！"妈妈总是这样对我们说。为什么不能吃苍蝇爬过的东西呢？这是因为苍蝇总是喜欢在厕所等非常脏的地方飞来飞去，身上会带有很多病菌。它们会将病菌留在爬过的食物上面。我们如果吃了这些食物，就容易生病。因此，小朋友们一定要听妈妈的话，不要吃苍蝇爬过的食物。

苍蝇能给花授粉吗？

苍蝇虽然讨人厌，但它们非常喜欢吃甜的、腐臭的东西，所以它们也会爬到花丛中飞来爬去，无形之中也像蜜蜂一样帮助植物授了粉。有一种叫龙海芋的植物，不喜欢蜜蜂、蝴蝶这些昆虫帮它授粉，反而喜欢苍蝇为它授粉。为此，龙海芋的花散发着一种令人作呕的腐臭气，这样，逐臭食腐的苍蝇因为"臭气相投"，纷纷前来光顾，帮助龙海芋完成了授粉。

苍蝇为什么不会生病？

苍蝇的身上脏兮兮的，有很多病菌，会给我们带来很多疾病。可奇怪的是，这些肮脏的家伙自己却不生病。这是为什么呢？原来，苍蝇的免疫系统中有两种特殊的球蛋白，这两种杀菌物质可以将很多细菌杀死。

苍蝇为什么喜欢"洗手"？

每当停下来时，苍蝇就会将自己细小的爪子抬起来，不停地搓来搓去。它们在干什么呢？洗手吗？也可以这样说。苍蝇的脚上长着很多嗅觉器官，它们飞行的过程中，脚上会沾上很多东西。为了保证嗅觉器官的灵敏度，也为了爬行、飞行更轻松，它们只得不停地清理这些脏东西。

苍蝇是怎样吃东西的？

苍蝇吃东西的方式非常有趣哟！它们会先将嘴唇平平地展开，然后贴在食物上。如果食物是液体，苍蝇就会把食物直接吸入食道；如果食物是小颗粒，苍蝇就会把两片嘴唇翻开，露出牙齿，对着食物啃食一番。当然啦，这么细微的过程，我们仅凭肉眼是很难观察到的。

被蚊子叮过的地方为什么会肿起来？

　　小朋友们知道，被蚊子叮咬的地方往往会鼓起包来，痒痒的，很难受。蚊子明明吸了血，为什么我们的皮肤反而肿起来了呢？原来，蚊子的嘴巴有6根口针，蚊子吸血时就会把口针扎进我们的皮肤。为了方便进食，蚊子在吸血的同时会排出一些唾液，这些唾液里有防止血液凝结的物质，可以促进血液流动，也会刺激人体皮肤。因此，被蚊子叮咬的地方往往会肿胀、发痒。

蚊子吸血也有选择吗？

有的人很容易被蚊子叮咬，而有的人却很少被蚊子叮咬。这是为什么呢？原来，蚊子叮人也是有选择的。一般来说，蚊子喜欢叮咬爱出汗、呼吸速度快、体温较高的人。因为这类人新陈代谢比较快，血液流动也比较快。蚊子还喜欢叮咬穿着深色衣服的人，因为它们对深颜色比较敏感。

雄蚊子为什么不吸血？

雄性蚊子不吸血是因为它们的口针已经严重退化，非常短小，而且很细弱，根本不能刺进我们的皮肤。因此，雄性蚊子不是不想吸血，而是没有吸血的武器。

夜晚，为什么灯周围总有小虫飞来飞去？

夏天的晚上，当我们打开灯时，很快会有很多小飞虫聚拢过来。这些飞虫要干什么呢？其实，这和飞蛾扑火是一个道理。有些小飞虫是有趋光性的，非常喜欢发光的东西。它们看到亮光就会快速地冲过来，兴奋地围着灯飞来飞去。如果我们关了灯，它们就会毫不留恋地飞走。

50

钻来钻去的小爬虫

　　也许小爬虫是自然界最不起眼的一类动物。可是，你知道吗？这些小家伙也有很多值得我们学习的智慧，非常了不起呢！你是不是想知道它们究竟有什么高明之处？静下心来，和我们一起走进小爬虫的奇妙世界吧！

毛毛虫是昆虫吗？

　　一定有小朋友存在这样的疑问：毛毛虫是昆虫吗？事实上，毛毛虫确实是昆虫。毛毛虫是蝴蝶或蛾的幼虫，等它们长成成虫之后，昆虫的特点就明显了。毛毛虫其实也是由头、胸、腹3部分构成的，而且头上有触角。更为重要的是，毛毛虫也有3对胸足，只不过毛毛虫的足比较特殊罢了：毛毛虫身体前面有6条腿，被称为"真足"，而其后面的腿则是"假腿"。这样判定的话，毛毛虫是符合昆虫家族标准的。

软软的毛毛虫怎么躲避敌人？

毛毛虫总是慢悠悠地爬着，看起来笨笨的，好像无法对抗强大的敌人。但是，毛毛虫也有很多保护自己的法宝呢！毛毛虫非常善于伪装自己，它会伪装成树叶或树枝躲避敌人的视线。此外，毛毛虫还能发出蛇一样的气息，这种"狐假虎威"的方法确实很管用，眼神不好的敌人一闻到蛇的味道，就会吓得落荒而逃！

为什么被毛毛虫蜇了会又痒又疼？

别看毛毛虫个子小，它们也很厉害呢！我们如果被毛毛虫蜇了，就会感到又痒又疼。这是因为毛毛虫身上长有很多毒毛，这些毒毛中有很多毒液。当这些毒毛蜇进我们的皮肤时，毒毛的前端就会断在皮肤里，毒液就会渗进皮肤，因此被蜇过的地方就会又痒又疼了。

蚕宝宝为什么会吐丝？

　　蚕宝宝是吐丝能手。它们体内有一整套结构完整，构造复杂的制造蚕丝的系统，简直就是微型的"丝线工厂"。蚕宝宝吐丝的重要器官叫"丝腺体"，与蚕宝宝身体中的袋状囊相连。袋状囊是蚕宝宝储藏丝液的重要"仓库"。蚕宝宝吐丝时，头上的肌肉就会开始伸缩，这时候丝液就会从袋状囊中挤出来，再通过丝腺体挤到外面，这些丝液和空气一接触就会变成长长的丝。

蚕为什么爱吃桑叶？

　　蚕虽然也吃一些其他树叶，但最喜欢的食物还是桑叶。这是因为蚕家族以桑叶为食物过日子的时间最多，世世代代生活在桑树上，已经习惯了桑叶的味道。桑叶可以给蚕提供生长所需要的营养物质，让它们更加健康地生长。

蚕吃绿色的桑叶，为什么吐出的丝却是白色的？

蚕喜欢吃绿色的桑叶，但它们吐出来的丝却是白色的。这是为什么呢？这是因为蚕只将桑叶中的一部分物质转化成了蚕丝。蚕进食桑叶后，就会用胃中的消化液分解桑叶，吸收桑叶中的蛋白质和糖类等物质，然后将这些物质在体内重组，最终形成白色的丝状物。蚕丝是由纤维组成的，里面最重要的成分就是蛋白质。

为什么说竹节虫是"伪装大师"?

竹节虫绝对无愧于"伪装大师"这个称号。它们会根据光线、湿度、温度的差异改变身体的颜色，让自己完美地融入周围的环境。白天，竹节虫待在竹枝或树枝上一动不动，活像枯竹枝或枯树枝。当微风吹来时，它们还会随风轻轻摆动。

竹节虫可以有多大？

到目前为止，昆虫学家们已经发现了3000多种竹节虫，其中中国巨竹节虫腿完全伸展测量，约有62.4厘米，它们应该算是竹节虫家族的"大块头"了吧？

竹节虫是怎么繁殖后代的？

竹节虫不但模样长得奇怪，就连繁殖方式也十分特别呢！竹节虫往往一次只产一枚卵。有意思的是，这枚卵要经过1～2年的时间才能孵化。

与许多昆虫不同，竹节虫刚孵出来就已经长得很像成虫了。经过几次蜕皮后，这些小家伙就长大了。可惜的是，竹节虫长大后只能活3～6个月。

蚂蚁为什么不会迷路？

　　蚂蚁是非常聪明的小昆虫，外出时从来不会迷路。这是因为它们行走时会分泌出一种信息素。回家时，蚂蚁沿着信息素的指引一点一点往前走，直到回到家中。如果我们把蚂蚁排出的信息素抹掉的话，它们可就惨喽！没有信息素的指引，蚂蚁无法找到自己的家，只好四处乱跑。

蚂蚁为什么爱打架呢？

　　别看蚂蚁的个子不大，它们的脾气可不小！两只蚂蚁激烈打斗的场面经常上演。它们为什么这么喜欢打架呢？其实，打架的蚂蚁来自不同的巢穴，它们这样做是为了争抢食物。它们如果来自同一个巢穴，就不会出现这种情况了。

蚂蚁为什么不停地搬东西呢？

　　小朋友，我们如果仔细观察就会发现，蚂蚁特别爱排成一队搬东西。所以，我们常常觉得蚂蚁们都很勤劳，但其实，并不是所有的蚂蚁都在不停地搬运东西，蚂蚁家族的分工很明确，我们见到的不停搬运东西的，是专门负责运输的工蚁。它们搬的是什么呢？告诉你吧，它们搬运的是食物。蚂蚁收集的食物多种多样，有米粒、小虫子的尸体……蚂蚁十分勤劳，只要发现食物，就会将其搬到巢穴中。要知道，蚁群成员太多了，要想养活一群蚂蚁绝不是容易的事情，因此它们要时刻保证粮食的供给。

蚂蚁的触角有什么作用？

蚂蚁虽然不会说话，但它们也有自己的交流方式哟！两只蚂蚁见面后，会相互碰碰触角，触角就是它们沟通交流的工具。此外，蚂蚁的触角还充当了鼻子和眼睛的角色。它们每天能井然有序地忙碌，触角实在是功不可没。

蚂蚁窝那么黑，它们怎么生活呢？

蚂蚁的窝建在地下，里面黑咕隆咚的，什么都看不清。那么，蚂蚁是怎样在如此黑暗的地方生活的呢？不用担心，这可难不倒个子小但本领大的蚂蚁。虽然蚂蚁的视力非常差，只能勉强分辨光线的来源，但它们的触觉和嗅觉却非常灵敏。蚂蚁就是靠着这些本领在黑暗中畅行无阻的。

为什么蚂蚁可以搬动比自己重得多的东西？

蚂蚁那么小，腿又细细的，但它们却能搬动比自己体重大数倍的东西呢！这是什么原因呢？秘密就在蚂蚁的腿部。虽然在我们看来蚂蚁的腿弱不禁风，实际上它们的腿部有非常发达的肌肉。这些肌肉可以释放出一种含磷的化合物，这种化合物可以让肌肉收缩，进而有效地提升蚂蚁腿部的力量，原理就同微型发动机差不多。要知道，每只蚂蚁都有几十亿台这样的"发动机"呢！现在知道蚂蚁为什么是大力士了吧！

白蚁是白色的蚂蚁吗？

白蚁无论模样还是名字，都与蚂蚁类似。但是，你千万不要以为白蚁是蚂蚁的"亲戚"哟！它们并没有什么太大的关系。不过，白蚁倒是蟑螂的近亲。

白蚁的巢穴有什么特别的地方？

白蚁是天生的杰出建筑师。白蚁的巢穴从外面看像一座座小山，里面的结构异常复杂，通道纵横交错，简直就像一座迷宫。里面还建有采暖和通风系统，利用阳光和自然风使蚁穴内始终充满新鲜的空气，温度总是保持在30℃左右。蚁穴最高约为10米，是工蚁们把沙子和黏土一粒一粒地垒起来，用自己的唾液黏合搭建而成的。一个蚁穴最多可以居住100万只白蚁呢。

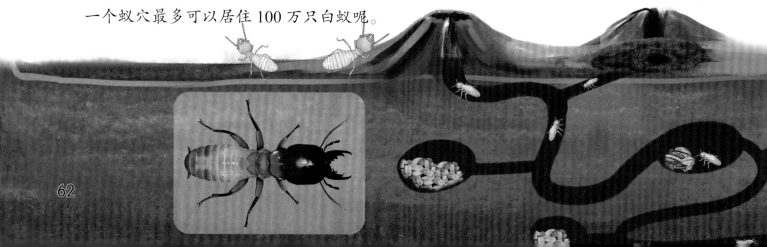

白蚁群是如何分工的？

和蚂蚁一样，白蚁王国也有等级分工。兵蚁是王国的忠实保卫者，会用独特的上颚夹击进犯的敌人。工蚁是王国的建设者，任劳任怨地担负着各种劳作。这个王国的统治者就是蚁后和蚁王。蚁后是唯一能繁殖下一代的白蚁，其寿命也是众蚁之最。

63

蝈蝈吃什么？

　　小朋友，你知道吗？蝈蝈一点儿都不挑食呢！它们是杂食性动物，能吃的食物特别多。黄豆、油菜、白菜等对蝈蝈来说，都是美味佳肴。它们也捕捉蝗虫、蝉、黄粉虫等昆虫来调剂口味。不仅如此，蝈蝈还吃南瓜花这种有些奇怪的食物呢。怎么样？它们是不是很好养啊？

为什么说蝈蝈是"田间卫士"？

虽然蝈蝈的食物多种多样，但相比较而言，它们更爱吃肉。正是因为这个饮食习惯，它们可帮了农民伯伯的大忙。蝈蝈会主动捕捉那些糟蹋农作物的害虫，所以人们又叫它"田间卫士"。

中华剑角蝗也会"隐身术"？

你听说过一种叫"扁担沟"的昆虫吗？告诉你哟，这种昆虫的学名叫"中华剑角蝗"。它们外表虽然不起眼，隐身术却十分了得。它们的"外衣"能与草丛很好地融合。敌人来犯时，这些家伙只要趴在草叶上一动不动，就可能躲过一劫。

螳螂的眼睛有什么秘密？

螳螂有一对大复眼。螳螂的每只复眼由几千只小眼组成。如果有小虫子从螳螂眼前飞过，小虫子的影像会从一个小眼急速移到另一个小眼。螳螂不仅能看到小虫子的样子，还能感受到小虫子飞行速度的快慢。科学家认为，这种眼睛是一种高超的速度仪，能计算出小虫的飞行速度。螳螂的眼睛还有一个秘密哟，就是能变色：白天螳螂的眼睛是绿色的，可是到了晚上，它们的眼睛在灯光下就会呈现黑色。

螳螂是如何捕食的？

大部分螳螂行动比较缓慢，但它们的捕食本领可不一般。它们经常静静地躲藏在草丛里，举着两把"大刀"等待着。一旦猎物到达可以出击的范围，螳螂就用闪电般的速度挥动"大刀"展开进攻。可怜的猎物有时还没来得及看清凶手的样子，就成了螳螂的美餐。

螳螂什么时候才能长出翅膀？

别看螳螂经常潜伏在草丛里，不像鸟儿一样经常飞翔，但它们也有翅膀。如果仔细观察螳螂，你就会发现螳螂宝宝是没有翅膀的。随着慢慢长大，它们才会长出小翅膀。如果你看到一只长有完整翅膀的螳螂，那就说明这只螳螂成年了。

为什么说蟋蟀不是好昆虫？

蟋蟀虽然"歌"唱得好，但人们对它们还是有很大的意见。这是因为蟋蟀会偷吃花生和蔬菜的幼苗。蟋蟀的牙齿非常锋利，可以轻松地把幼苗咬断。要知道，被咬断的幼苗是无法存活的。不过，对于喜欢养蟋蟀、斗蟋蟀的人来说，它们就算不上坏家伙啦！

所有的蟋蟀都会"唱歌"吗？

我们经常听到蟋蟀的"演奏"，那么你知道蟋蟀的"乐器"在哪儿吗？其实，蟋蟀的"乐器"在它们的翅膀上。蟋蟀右边的翅膀上长着像锉一样的短刺，左边的翅膀上长有像刀一样的硬棘，右翅与左翅摩擦，就能发出悦耳的声音。不过，并不是所有的蟋蟀都是天生的"演奏家"，雌蟋蟀就没有"乐器"，因此不能发出声音。只有雄蟋蟀才能"演奏乐曲"呢！

蟋蟀为什么爱打架？

有很多人喜欢斗蟋蟀，这也是因为蟋蟀有爱打架的特性。当然，并不是所有的蟋蟀都喜欢打架！爱打架的只是雄蟋蟀。雄蟋蟀生来喜欢独自生活，如果发现另一只雄蟋蟀进入自己的领地，会立刻摆出打架的姿势，即使打得头破血流，也绝不肯退让。

草原上的粪便哪里去了？

雨季时，草原植被茂盛，动物们的食物丰富起来。尤其对于大象这种食量惊人的动物来说，这更是一个难得的享用美食的时期。由此，草原地面上的粪便也猛增起来。不过不用担心，成千上万的"屎壳郎"会解决粪便的难题。它们时常会在雨季开始后的四五天内组成一支支清扫大军，将层层粪便一扫而光。

"屎壳郎"为什么要滚粪球?

"屎壳郎"真是"邋遢大王",竟然喜欢滚粪球!我们在有粪便的地方往往会看到它们的身影。"屎壳郎"找到粪便后,就会跑过去开始滚来滚去,不一会儿就滚成粪球。接着,它们会像藏宝贝一样把粪球藏在洞中,埋起来。粪球有什么用呢?告诉你吧,"屎壳郎"除了以粪球为食,还会把自己的卵产在粪球里。这样,"屎壳郎"宝宝出生后就不用担心吃不饱啦!

为什么说蟑螂是害虫?

蟑螂是昆虫家族中的坏蛋。看看它们做的坏事就知道了:每当我们睡觉的时候,蟑螂就会悄悄溜出来,跑到厨房、厕所等地方觅食。而且,它们还会一边吃一边排泄,真是让人恶心。同时,蟑螂还会把很多细菌带到我们家中。更让人讨厌的是,蟑螂会钻进电视机、微波炉等电器中,造成电器短路的危险情况。

蟑螂为什么喜欢晚上出来活动?

蟑螂白天躲起来睡大觉,晚上就鬼鬼祟祟地出来溜达。这是因为它们喜暗怕光。对于它们而言,晚上是最佳的活动时间。要知道,坏人多是赶在月黑风高夜时出动,看来蟑螂这种坏家伙也不例外啊!

为什么蟑螂特别警觉？

　　蟑螂非常警觉，周围只要有一点点声音，它就会觉察到，然后立刻逃走。为什么蟑螂如此警觉呢？这和它们的身体构造有非常大的关系。每只蟑螂三角形的头上都长着一对单眼和一对复眼，这让它们可以更好地观察周围的情况；它们的嘴巴周围还有很多的短毛，这些短毛上有感觉神经，这些敏感的神经能够觉察到非常轻的声音；而且，蟑螂的身体扁扁平平的，这让它们跑起来不会有太大的阻力。只要一有动静，它们马上就开溜了。